SAINTE GENEVIÈVE

PATRONNE DE PARIS & DE LA FRANCE

SAINTE GENEVIÈVE

PATRONNE DE PARIS & DE LA FRANCE

CONFÉRENCE

DONNÉE AUX CERCLES CATHOLIQUES DES OUVRIERS
DU HAVRE

LE PREMIER DIMANCHE DE DÉCEMBRE 1878

PAR

A. DEVAUX

Membre de la Société de Saint-Jean pour le développement de l'Art chrétien

BOLBEC
I. DUSSAUX, IMPRIMEUR-ÉDITEUR
21, RUE THIERS

1880

A MADAME AUGUSTIN SAVARD

MADAME,

J'ai l'honneur de vous offrir la dédicace de cette Conférence sur Sainte-Geneviève, en souvenir de l'enfant chérie que j'eus le bonheur de tenir sur les fonts du Baptême.

Si le bon Dieu nous l'avait conservée, guidée par les bons exemples et par le dévouement de son excellente mère, elle eût acquis quelques-unes des vertus de sa bienheureuse patronne, sainte Geneviève.

A. DEVAUX.

SAINTE GENEVIÈVE

PATRONNE DE PARIS ET DE LA FRANCE

§ I.

MESSIEURS,

En lisant les pages de notre histoire nationale, j'ai toujours été frappé de l'influence si grande, si providentielle que la femme a exercée dans les évènements suprêmes par lesquels notre chère Patrie a passé depuis son origine historique.

Déjà, dans les siècles qni précédèrent l'ère chrétienne, cette influence était toute puissante en Gaule; les peuples de cette vaste contrée, qui devait plus tard s'appeler la France, professaient le plus grand respect pour les vierges gauloises : ils les appelaient dans les circonstances importantes, dans les cérémonies religieuses, et aussi, lorsqu'il fallait décider de la paix ou de la guerre. Ce respect pour les vierges était motivé, surtout, par une tradition existant parmi ces peuples puissants, « qu'une Vierge devait enfanter le libérateur du monde. » Chateaubriand, dans son immortel ouvrage : « les Martyrs, » nous trace un tableau saisissant du caractère des prêtresses gauloises et la mission qu'elles remplissaient au milieu de leurs compatriotes. Plus tard, lorsque la « bonne parole » fut apportée à l'humanité par le Dieu Sauveur, les croyants à cette parole divine furent appelés à souffrir et à mourir en témoignage de leur foi, qui les encouragea dans leurs luttes, dans leurs souffrances? Qui, la nuit venue, faisait transporter dans la demeure cachée le corps de ceux qui avaient succombé en invoquant Dieu? la Femme!

Nous la trouvons partout, toujours empressée à accomplir sa mission : là, elle exerce toute son influence pour adoucir les mœurs des barbares envahisseurs et préparer ainsi ces âmes énergiques, mais sauvages, à recevoir la vraie civilisation, celle qui avait pris naissance sur le Golgotha. Qui, marcha à la tête d'une population affolée pour forcer Attila à s'éloigner des murs de Lutèce ? une femme, et cette femme, vous la connaissez tous : c'est Geneviève.

Et quelques siècles plus tard — pour ne citer que les faits les plus saillants — quelle héroïne délivra la France près d'expirer sous l'étreinte anglaise et bourguignone ? Vous l'avez nommée, c'est Jeanne d'Arc ! Et sur les remparts de la ville de Beauvais, assiégée par les mêmes ennemis, n'est-ce pas Jehanne Hachette qui les força à fuir ?.. Partout, dans tous les temps, la femme s'est montrée à nous dans les grands évènements, dans les grandes calamités avec le même dévouement, et exerçant la même influence, soit qu'elle s'appelle : Geneviève, Jeanne d'Arc, ou sœur de charité, ou petite sœur des pauvres, ou mère de famille.

Aujourd'hui, je me propose de vous parler d'une de ces femmes providentielles, grande entre toutes, et qui a exercé, au début de notre histoire monarchique, une immense influence, je veux vous parler de sainte Geneviève, patronne de Paris et de la France.

---

§ II.

A quelques kilomètres de Paris, et à l'ouest de cette fière capitale, s'élève une montagne d'un aspect étrange, présentant la forme d'un ancien volcan. La Seine coule à ses pieds et y entretient la fraîcheur et aussi la vie.

Cette montagne et les riches vignobles qui l'entourent, sont très-aimés des peintres qui trouvent là de nombreux et riches motifs pour leurs études artistiques.

Pendant des siècles, un vaste monastère existait au sommet de cette montagne; mais depuis quelques années, ce lieu de prières n'entend plus que le bruit des instruments de guerre, et le va-et-vient de gens affairés, se rendant où le devoir militaire les appelle.

C'est le Mont-Valérien.

Aux flancs de cette belle montagne, s'étend un charmant village, dont l'origine est inconnue; mais qui jouit d'une célébrité incontestable.

Jusqu'à ce jour, ce village n'a cessé d'être visité, et cela, depuis le VIe siècle de notre ère. Chaque année, un nombreux concours de peuple vient s'agenouiller dans sa modeste église, et prier où pria une grande sainte. On va visiter une fontaine qui n'a rien de remarquable, si non les souvenirs qui s'y rattachent, ainsi que le lieu où la tradition place la naissance de sainte Geneviève, dont je vais essayer de vous dire l'histoire.

Ce fut donc en l'année 422, dans ce village de Nanterre, que Geneviève prit naissance; c'était sous le règne de l'empereur romain Théodose le Grand. Elle reçut au saint baptême le nom de Genovefa ou Geneviève, nom mystérieux qui veut dire : *fille du ciel, ou bouche d'or*. Son père portait un nom romain que quelques auteurs pensent être : *Sevère*; d'autres croient que le véritable nom était : *Valère*. Sa mère avait un nom grec : *Géronce*. Ce qui fait présumer que cette famille établie au pays des *Parisii* appartenait à une colonie romaine, transportée sur les bords de la Seine, à peu de distance de Lutèce.

Valère possédait un clos au sommet de la montagne, et,

avant la grande Révolution française, on y voyait encore une petite chapelle entourée d'un mur assez bas, qui portait le nom de : Clos de Sainte-Geneviève. Là, — la tradition nous l'apprend, — la jeune enfant conduisait paître les troupeaux de son père.

On s'est demandé pendant longtemps si la fille de Valère avait été bergère avant d'être appelée par la divine Providence à venir habiter la capitale des Parisii.

Plusieurs auteurs anciens, surtout du XVIIe siècle, ne veulent point admettre pour notre Sainte une origine si pauvre qui l'obligeât, toute enfant, à garder les moutons. A ces différentes opinions, je répondrai en empruntant celle d'un de mes excellents amis, écrivain distingué qui porte haut et ferme la bannière du courageux chrétien. Voici en quels termes s'exprime M. Barnabé Chauvelot : « Pour diminuer la grandeur du miracle, des écrivains » qu'on dit graves et impartiaux, ont prétendu que Geneviève » ne fut point bergère; moi je dis, avec la tradition nationale et chrétienne, que Geneviève fut bergère. Et en » dehors de cette double autorité qui vaut bien celle de » quelques écrivains modernes, je soutiendrais encore que » Geneviève fut d'abord bergère; car, né moi-même dans » un village resté à peu près celtique, j'en connais les » habitudes et je sais que tous les enfants y sont d'abord » bergers.

» La première occupation de la jeune enfant fut donc » de garder les brebis, tantôt sur le mont Valérien, où

» l'on montre encore une source près de laquelle elle » aimait à se reposer dans les jours d'été, tantôt sur les » rives de la Seine, dans une île solitaire, que les eaux » débordées du fleuve ont respectée pendant longtemps. »

On ne connaît rien de particulier sur la vie de notre Sainte pendant ses premières années, seulement l'on sait que toute enfant elle se montrait sérieuse, appliquée à remplir les devoirs compatibles avec son âge. Elle fuyait les jeux bruyants des enfants de son village; et, si elle se réunissait quelquefois à eux, c'était pour leur donner de ces conseils qui auraient pu paraître trop au-dessus de son âge, si on n'avait pas reconnu en elle quelque chose de mystérieux et de providentiel.

Un évènement inattendu vint augmenter encore le respect dont les habitants de Nanterre étaient pénétrés à l'égard de cette chère fille.

Vers l'an 429, passèrent par Nanterre, saint Germain, évêque d'Auxerre, et saint Loup, évêque de Troyes; saint Loup, qui devait, quelques années plus tard, détourner de la Gaule le terrible Attila. Ils étaient accompagnés de clercs et de prêtres, et se rendaient dans la Grande-Bretagne par ordre du Pape, afin d'y combattre l'hérésie Pélagienne, qui faisait dans ce pays de très-grands ravages. Ils passèrent par Lutèce, qu'ils ne firent que traverser, et s'arrêtèrent à Nanterre avec l'intention de s'y reposer.

Ces saints évêques étant entrés dans ce bourg se virent aussitôt entourés d'une multitude de peuple, que le bruit de leurs vertus avait attirée pour recevoir leur bénédiction. Geneviève, qui n'avait guère que sept ans, se trouva dans la foule avec ses parents. Germain monta sur la colline, suivi de toute cette foule, et se mit à prêcher, au lieu nommé depuis: le clos « Sainte-Geneviève », le « mont Valérien », et plus tard: le « Calvaire ».

Saint Germain, éclairé d'en haut, distingua la petite Geneviève, remarquant en elle quelque chose de surnaturel qui lui donna le pressentiment de sa sainteté future. Il la fit approcher; et, après l'avoir baisée au front, il engagea les parents à bien veiller sur ce précieux dépôt remis en leurs mains par la divine Providence. Il la mena ensuite à l'église de la paroisse, tenant toujours la main posée sur sa tête, ce qu'il fit encore pendant tout le temps qu'il récita son office. Il congédia le peuple, mais retint Geneviève près de lui pendant le repas, et ne la renvoya qu'après avoir fait promettre aux parents de la lui ramener le lendemain matin avant son départ.

Valère et sa femme se rendirent exactement avec leur jeune enfant à l'heure qui leur avait été prescrite.

Saint Germain s'adressant à Valère et à Géronce leur dit : « *Béni soit le jour où une telle fille vous a été donnée;*
» *Dieu la réserve à de grandes choses, car sa naissance a*
» *été saluée par les Anges.* » (1)

Cette prédiction faite par un évêque regardé comme un saint, ne pouvait manquer de produire une impression

(1) *Le Pèlerin*, 12 janvier 1878.

profonde. Le saint évêque se tournant ensuite vers l'enfant, lui demanda si elle n'avait pas l'intention de se consacrer au Seigneur et de devenir l'épouse de Jésus-Christ. — « Vous lisez dans mon âme, répondit Geneviève; et tous les jours je prie Dieu de vouloir bien m'accorder cette faveur. » Germain se baissant alors, ramassa sur le pavé de l'église une médaille d'airain marquée d'une croix, la suspendit au cou de la petite vierge, qu'il consacra au Seigneur en recevant ses promesses de chasteté perpétuelle et lui disant : « Que ce signe vous tienne lieu de toutes les parures et ornements du siècle. »

Après le départ des deux saints évêques, Geneviève commença toute jeune qu'elle était, à se regarder comme très-sérieusement consacrée à Dieu, et elle montra une grande ardeur pour tous les exercices de la véritable piété. A cette occasion, je veux vous raconter un trait que l'on trouve consigné dans les ouvrages des différents auteurs qui ont écrit sur la vie de notre Sainte.

Un jour de fête solennelle, comme sa mère allait à l'église, voulant l'obliger à rester au logis, elle la conjura avec larmes de lui permettre d'y aller aussi, ajoutant qu'elle y était plus particulièrement obligée à cause du lien qui l'attachait à Jésus-Christ. La mère se sentit offensée des instances de l'enfant, et elle lui donna un soufflet. L'historien qui raconte ce fait ajoute que cet emportement condamnable fut immédiatement puni par un mal aux yeux qui rendit Géronce aveugle pendant plus de vingt mois. L'épouse de Valère reconnut sa faute ainsi que le mérite de sa fille, et se rappelant les prédictions de saint Germain, elle pria la pieuse enfant de faire le signe de la croix sur de l'eau puisée à la fontaine, et elle s'en lava les yeux avec une grande foi et une grande espérance en Dieu. Elle fut exaucée: ses yeux furent parfaitement guéris.

Quelques années plus tard, Geneviève fut consacrée à Dieu dans les formes ordinaires de l'Eglise, par l'évêque de Paris, nommé Félix. Un ancien historien dit que cette consécration fut faite par Villicus, évêque de Chartres. Quoi qu'il en soit, la cérémonie en fut faite avec cette pompe majestueuse dont le culte catholique romain a seul le secret.

C'est à peu près vers ce temps qu'elle perdit son père et sa mère; elle se retira alors chez sa marraine habitant Lutèce et qui l'avait engagée à venir demeurer avec elle. Là, elle fut éprouvée par une cruelle maladie dont les accès furent si violents qu'après de longues et cruelles attaques elle parut comme morte pendant près de trois jours. Dieu se servit de cette apparente suspension de la vie pour lui découvrir les événements qui ne devaient pas tarder à s'accomplir. Après cette crise, la maladie qui avait passé pour être une paralysie complète, diminua si sensiblement, qu'en peu de jours elle vit sa santé entièrement rétablie.

La déclaration toute simple qu'elle fit à quelques personnes indiscrètes, d'une partie des choses que Dieu lui avait révélées pendant les trois jours de son évanouissement, fut pour Geneviève un sujet de nouvelles souffrances et de persécutions de la part de ses envieux qui ne pouvaient souffrir qu'on prit au sérieux toutes les austérités qu'elle pratiquait.

La divine Providence en agit toujours ainsi envers les personnes qu'elle a choisies pour accomplir son œuvre. Elle les prépare par la souffrance, par les épreuves de toutes sortes, pour détruire en elles tout sentiment d'orgueil ou tout sentiment personnel, afin de les rendre plus dignes de la mission qui leur sera confiée.

Ces persécutions durèrent plusieurs années, jusqu'au jour où Dieu prit en main la défense de sa servante. Il se servit d'un second voyage de saint Germain dans la Grande-Bretagne. L'évêque d'Auxerre était accompagné de saint Sevère, évêque de Trèves. Dès qu'il fut entré dans la ville de Lutèce, son premier soin fut de s'informer de tout ce qui regardait Geneviève. Il fut vivement affligé en entendant les gens de toutes sortes se déchaîner contre elle, et condamner sa conduite, comme si elle n'eût été qu'un mélange de superstition et d'hypocrisie... Germain, indigné de l'effronterie de ces calomniateurs, prit hautement la défense de la Sainte, confondit la calomnie à la face de tous, et ne quitta la ville qu'après avoir recommandé l'innocence de Geneviève aux personnes ayant autorité dans Lutèce.

De nouvelles épreuves ne devaient pas tarder à venir, car les événements montrés par Dieu à notre Sainte pendant les trois jours de son évanouissement allaient bientôt s'accomplir.

L'année 451, année affreuse entre toutes, était sur le point de commencer.

§ III.

A la vie relativement calme dont jouissaient les peuples des bords de la Seine aux environs de Lutèce, devait bientôt succéder les inquiétudes de toutes sortes ; la guerre avec son cortége hideux de massacres et d'incendies.

Attila, le « Fléau de Dieu » — ainsi qu'il se nommait, — venait de traverser le Rhin, et faisait son apparition dans les Gaules.

Deux mots d'histoire sont nécessaires pour vous dire ce qu'était cet envahisseur.

Les Huns, que devait un demi-siècle plus tard commander Attila, étaient partis du plateau central de l'Asie, refoulant d'abord les Alains, et se heurtant ensuite contre les Goths déjà fixés sur le Borysthène. Les Ostrogoths, ou Goths orientaux, se soumirent. Les Visigoths, ou Goths occidentaux, se jetèrent sur les terres de l'empire en franchissant le Danube, et les premiers envahisseurs eux-mêmes se retirèrent dans la Sarmatie ; mais pour un temps, une cinquantaine d'années après ils reparurent ayant Attila à leur tête.

Voici le portrait qu'en fait un historien du temps :

« Cet homme était venu au monde pour ébranler sa » nation et faire trembler la terre. Par je ne sais quelle » fatalité des bruits formidables le devançaient et semaient » partout l'épouvante. Il était superbe en sa démarche, » promenant ses regards deçà et delà autour de lui ; » l'orgueil de sa puissance se révélait jusque dans les » mouvements de son corps. Aimant les batailles, mais se » maîtrisant dans l'action ; excellent dans le conseil ; il se » laissait fléchir aux prières ; bon quand il avait une fois » accordé sa protection.

« Sa taille était courte, sa poitrine large, sa tête forte. » De petits yeux, la barbe clair-semée, les cheveux gri- » sonnants, le nez écrasé, le teint noirâtre ; il reproduisait » tous les traits de sa race. Sa confiance en lui-même » était bien grande et ne l'abandonna jamais. » (Jornandès).

De sa tente des bords du Danube, Attila menaçait sans cesse l'empire romain d'Orient ; mais on parvint par une politique adroite à le pousser vers l'Occident ; c'est alors qu'il pénétra dans les Gaules.

Lorsque les peuples sont menacés de voir s'accomplir des événements graves et terribles, des pressentiments, ou des signes mystérieux viennent les effrayer. Ces pressentiments sont envoyés du Ciel comme un avertissement, afin que nous soyons prêts pour la lutte, et que nous cherchions les moyens de conjurer l'orage. Mais le plus souvent nous ne tenons aucun compte de ces avis, nous nous endormons dans une quiétude parfaite, qui n'est que le résultat de notre égoïsme... Mais combien le réveil est parfois terrible !...

Il n'en fut pas ainsi dans les années 448 et 449, qui furent pour l'empire romain d'Occident, une de ces époques fatales. Les plus anciens historiens parlent de commotions souterraines qui s'étendirent depuis la Gaule jusqu'en Espagne. L'année qui précéda l'envahissement, la lune s'éclipsa à son lever, ce qui était regardé comme un présage sinistre ; une comète d'une grandeur démesurée et d'une forme effrayante parut à l'horizon du côté du soleil couchant. Et du côté du pôle, le ciel se revêtit pendant plusieurs jours, de nuages de sang au milieu desquels des fantômes armés de lances de feu se livraient des combats imaginaires. Les peuples qui avaient la foi priaient Dieu de détourner les malheurs dont la patrie était menacée. L'évêque de Tongres, Servatius, se rendit à Rome afin de prier sur le tombeau des apôtres saint Pierre et saint Paul, les conjurant d'obtenir du Seigneur de l'éclairer sur la nature des événements qui menaçaient la Gaule. Il lui fut répondu que cette belle contrée serait livrée aux Huns et que toutes les villes seraient détruites, mais que lui, pour prix de sa foi, mourrait avant l'accomplissement de ces affreux spectacles. Pour les hommes politiques, ils croyaient plus fermement encore trouver des causes de ruines et de calamités publiques dans l'état d'ébranlement du monde

Occidental, tout près de se dissoudre, et qui n'était plus soutenu que par l'épée du général romain Aëtius. Dès qu'Attila parut sur les bords du Rhin, tous les peuples qui en occupaient les bords fuirent devant l'envahisseur et son armée innombrable.

Les Alains, les Vandales et les Suèves prirent la route de l'Espagne et des villes d'Afrique, ravageant tout sur leur passage. Les Burgondes envahirent l'Helvétie et la Savoie ; et plusieurs tribus Franques, qui habitaient au nord du Rhin, se transportèrent au midi, le long de la Meuse, dans une portion de la zône que l'on appelait : *Ripa* (*rive*), ce qui leur fit donner le nom de : Franks-Ripuaires.

Attila après avoir traversé le Rhin avec tous les peuples qu'il traînait à sa suite, avides de conquêtes et de pillages, s'avança avec rapidité vers le centre de la Gaule, saccageant et brûlant tout dans les lieux qu'il parcourait. Il s'était donné le nom de : « *Fléau de Dieu* ». Sans comprendre que réellement Dieu armait son bras. Il poussait devant lui les débris de ce qui fut le puissant empire romain, comme les boues d'une civilisation pourrie, corrompue, par plus de quatre siècles de sensualisme et d'impiété. Il était l'instrument de la colère divine — si longtemps contenue — contre les persécuteurs de son Eglise. Ce grand empire d'Occident touchait à son dernier jour ; il succomba dans une agonie longue et terrible, et Attila fut un de ceux qui lui portèrent les derniers coups.

Sous les attaques de ce cruel ravageur succombèrent Strasbourg, Spire, Worms, Mayence et tant d'autres villes. Tongres et Arras eurent le même sort. Un instant l'armée Hunnique occupa la Gaule dans toute sa largeur.

Amédée Thierry, un historien français, nous fait un tableau saisissant de la prise de Reims, capitale des Rèmes, et je ne puis résister au désir de vous le donner en entier; il achèvera de vous faire connaître cet homme barbare, ce « Fléau de Dieu. »

« Les habitants de Reims s'étaient retirés dans les bois, » emportant ou enterrant ce qu'ils avaient de plus pré- » cieux ; mais l'évêque, nommé Nicasius, restait avec une » poignée d'hommes courageux et fidèles pour attendre ce » qu'il plairait à Dieu. Quand il vit, après la rupture des » portes, les barbares se précipiter dans la ville, il » s'avança vers eux sur le seuil de son église, entouré de » prêtres, de diacres et de cette troupe de fidèles qui » venaient chercher près de lui, une sorte de protection. » Revêtu des habits pontificaux, l'évêque chantait d'une » voix forte ce verset de David : « Mon âme a été comme » attachée à la terre ; Seigneur vivifiez-moi selon votre » parole. » Un violent coup d'épée trancha dans sa bouche » la sainte psalmodie, et sa tête roula à terre avec son » corps. Nicasius avait une sœur de grande beauté, nom- » mée Eutropie, qui, craignant d'être en butte aux bruta- » lités de ces égorgeurs, frappa le meurtrier au visage, et » se fit percer de coups à côté de son frère. Ce ne fut que

» le prélude des massacres; mais la basilique, sur le seuil » de laquelle ils se passaient, ayant retenti d'un bruit sou» dain et inconnu, les Huns effrayés s'enfuirent, laissant là » leur butin, et quittèrent bientôt la ville. Le lendemain, » les habitants reprirent possession de leurs maisons déso» lées, et recueillirent les restes de ceux qu'ils considé» raient comme des martyrs ; ils élevèrent un monument » à leur pasteur, que l'Eglise honore encore aujourd'hui » sous le nom de saint Nicaise. »

Au milieu de la désorganisation politique produite par tant de malheurs, les autorités civiles et militaires faisaient souvent défaut; mais l'évêque demeurait enchaîné à son troupeau par un lien spirituel que la mort seule pouvait briser.

Noble exemple, qui nous prouve une fois de plus, que le véritable patriotisme se trouve toujours chez celui qui est fidèle à la pratique de ses devoirs religieux, et, sous ce rapport, le clergé a toujours donné, et pourra encore en donner les plus nobles exemples.

Toute la Gaule était dans l'épouvante, les habitants des villes et des villages s'empressaient de fuir à la nouvelle de l'approche de ces redoutables ennemis.

Il en fut de même de la ville de Lutèce, capitale des *Parisii,* dont plus tard elle prit le nom.

Cette cité se trouvant sur le passage d'Attila, les habitants craignant que le vainqueur ne voulût la saccager, résolurent de fuir.

En effet, après les pillages, les incendies qui avaient marqué le passage des Huns, pouvaient-ils espérer que leur ville serait capable de résister longtemps à la fureur des barbares qui arrivaient comme un effroyable tourbillon.

Lutèce avait acquis depuis Constance Chlore, une certaine importance commerciale qui s'étendait de la haute à la basse Seine. Elle avait un camp fortifié, des arsenaux, un palais, un amphithéâtre, des temples, etc. Tout cela devait tenter le barbare.

La ville enfermée dans une île de la Seine pouvait certainement essayer une défense, qui eût sans doute été meurtrière pour les assiégeants; mais, la population folle de terreur, ne songeait qu'à fuir pendant qu'il était encore temps. Ils ne songeaient pas, ces malheureux, qu'en fuyant ils auraient été au-devant de la mort puisque les Huns couvraient une grande partie du pays aux environs de Lutèce.

Mais, Dieu qui avait ses desseins sur cette ville ne voulut pas qu'elle devînt la proie du vainqueur barbare; il avait confié le salut de cette cité à une pauvre fille, vivant dans la retraite, couchant sur la terre, et passant une grande partie de ses nuits à prier, depuis surtout, qu'elle savait sa chère Lutèce menacée : c'était Génovefa ou Geneviève!

Geneviève! la vierge de Nanterre, que l'évêque d'Auxerre avait consacrée à Dieu, qui vivait retirée près de sa marraine, et que saint Germain était venu défendre contre les calomnies de ses ennemis.

Oui, c'est Elle qui va rassurer cette population effarée, troublée, qui ne lui donnera pour prix de ses conseils et de ses encouragements, que le mépris et la persécution.

---

§ IV.

Dès l'année 448, le bruit de l'invasion prochaine des barbares était parvenu jusque dans la ville de Lutèce, et chacun s'épouventait en pensant aux cruautés que ces hordes exerçaient partout où ils passaient. Geneviève, d'après ce que Dieu lui avait révélé, tâchait d'inspirer à ses compatriotes l'espoir en ce Dieu Sauveur. Elle leur disait que les Huns qui viendraient menacer la ville n'y entreraient pas, et que, dans leur véritable intérêt, elle les engageait fortement à ne point quitter leurs maisons, parceque le Seigneur ferait pour eux de grandes choses.

Mais eux ne voulurent point entendre ces paroles prophétiques, ils accablèrent la sainte des plus grossières injures, l'appelant : sorcière, fausse prophétesse et magicienne; ils voulurent même lui ôter la vie. Cette persécution dura près de deux années sans qu'elle y opposât d'autres armes que le silence, les larmes et la prière.

Saint Germain était en Italie, auprès de l'empereur Valentinien, lorsque lui arrivèrent ces tristes nouvelles; et sur ce qu'il apprit du danger que courait Geneviève de se voir sacrifier à la rage de ses persécuteurs, il chargea aussitôt le premier Diacre de son église qui était à Auxerre, d'aller porter à la sainte des *Eulogies* ou objets bénis, et de tâcher de la délivrer des mains de ces furieux, en disant à tous, l'estime qu'il faisait de sa vertu. Le Diacre arriva, dit la tradition, au moment où l'on délibérait sur le genre de mort que l'on devait donner à Geneviève; les uns voulaient qu'elle fut lapidée, les autres noyée, et d'autres encore, brûlée vive. L'envoyé du saint évêque se présenta pour apaiser la sédition en montrant quelques présents envoyés par saint Germain à notre sainte; mais les séditieux tournant leur fureur contre lui, voulurent le mettre à mort. Dieu changea tout-à-coup leurs mauvaises dispositions, et les principaux d'entre eux reconnurent leur faute. Depuis, ce jour, Geneviève ne fut plus persécutée, et bientôt après, les évènements vinrent donner aux habitants de Lutèce, une opinion vraie sur les mérites et les vertus de cette grande sainte.

Ce fut, vers cette époque, 450, que saint Germain mourut.

Une partie des dernières persécutions que Geneviève avait subies, était venue surtout de ce qu'elle avait voulu empêcher les Parisiens d'abandonner leur ville sur une fausse alarme causée par le bruit de l'approche des Huns. Lorsque ces derniers s'approchèrent de Paris, notre Sainte les assura de nouveau qu'ils ne seraient pas attaqués, et qu'il était inutile de fuir; que ce serait dans leur confiance en Dieu et dans la prière qu'ils trouveraient leur salut. Elle exhorta surtout les femmes à se mettre en état de fléchir la colère de Dieu par des jeûnes, des veilles et des prières. Elle-même, pendant les jours qui précédèrent l'approche des barbares, se rendit au tombeau de saint Denis pour y vénérer les reliques de cet illustre martyr, et prier ce premier apôtre des Gaules, de déposer auprès de Dieu, les gémissements des peuples de Lutèce. Chaque fois qu'elle se rendait dans ce lieu béni, elle s'arrêtait dans un petit village, peu éloigné de la ville, qui a pris depuis le nom de: Saint-Denis-la-Chapelle; là, tout en se reposant un peu, elle priait Dieu de protéger sa chère cité. Plus tard, après que la paix fut rendue à cette partie des Gaules, elle fit bâtir une chapelle qui, dans les années qui suivirent sa mort, prit le nom de sa fondatrice.

Les habitants de Lutèce se conformèrent aux conseils que leur avait donnés Geneviève: ils prièrent, ils jeunèrent et le Seigneur se laissa fléchir; surtout après une pénitence publique qu'ils s'imposèrent volontairement. On apprit alors, que les Huns frappés de terreur s'éloignaient en diligence. Et peu après, Attila, vaincu en diverses rencontres, subjugué par le saint évêque de Troyes, reprit la route du Rhin qu'il repassa, rentra dans ses forêts où il ne tarda pas à mourir, d'une mort très-subite et très-mystérieuse.

Après ces évènements, la réputation de sainteté de Geneviève ne resta pas renfermée dans Lutèce, elle parvint jusqu'aux extrémités du monde chrétien. Le grand saint

Siméon, le stylite, anachorète de Syrie, ne manquait jamais de s'informer près de ceux qui venaient le visiter, de la puissante « *prophétesse* » des Gaules. Les infidèles eux-mêmes et les idolâtres avaient pour elle une grande vénération. De ce nombre fut Childéric, roi des Franks. Ce prince savait comment Geneviève avait remonté et soutenu le courage des habitants de Lutèce pendant que cette ville était menacée par les soldats d'Attila. Aussi, chaque fois qu'il parlait d'elle, c'était toujours avec le plus grand respect. Lorsque Clovis se fut rendu maître de Paris, après un siège de dix années (486-497), apprit avec un étonnement mêlé d'admiration tout ce que notre sainte avait fait pour sauver les habitants de cette ville de la famine, et comment elle avait pu remonter la Seine jusqu'à Arcis-sur-Aube et à Troyes, à la tête de ceux qui devaient en amener des vivres, sans que, ni la tempête qui s'éleva contre ses bateaux, ni l'armée des assiégeants, eût pu réussir à empêcher son entreprise si héroïque. Il eut, dis-je, tant de considération pour elle, tout payen qu'il était, qu'il ne pouvait lui refuser ce qu'elle lui demandait.

Je veux vous en citer un trait :

Ayant résolu (il était alors maître de Lutèce), de traiter avec toute la sévérité de la justice quelques criminels condamnés à mort, et craignant que Geneviève ne vint lui demander leur grâce, il sortit de la ville et commanda qu'on en fermât les portes. Cette précaution ne la rebuta point, et se hâtant de prévenir l'exécution de l'arrêt, elle parut à la porte qui s'ouvrit d'elle-même au grand étonnement de ceux qui étaient chargés de la garder. Elle surprit ainsi le roi qui se vit contraint de lui accorder la vie des criminels.

Nous avons tout lieu de penser que Geneviève par ses prières unies à celles de Clothilde, femme de Clovis, contribua puissamment à la conversion de ce prince. Pendant le siège de Paris, dont j'ai parlé plus haut, Clothilde, fille d'un roi puissant, martyrisé pour sa foi, épousa Clovis, et ce fut par les soins de saint Rémi, évêque de Reims, que le roi franck vénérait tout particulièrement, que ce mariage fut contracté.

Clothilde,du camp des assiégants,correspondait fréquemment avec Geneviève, et ces deux saintes âmes si intimement amies cherchaient à convertir Clovis, en lui faisant voir tous les avantages spirituels qu'il en retirerait, et aussi, l'influence que cette conversion exercerait sur les peuples déjà chrétiens.

Le prince ne pouvant rien refuser à saint Rémi qu'il aimait véritablement, autorisa le baptême de son premier-né, l'enfant mourut presque aussitôt, et le roi païen attribua cette mort à la colère de ses Dieux. Un second fils fut cependant baptisé, et comme ce dernier était sur le point de mourir à son tour, la colère de Clovis ne connut plus de bornes ; mais les prières de Clothilde et de Geneviève obtinrent la guérison inattendue de l'enfant et le roi se calma. Vers ce temps les Allemands, voulant attaquer Clovis, avaient passé le Rhin et commençaient à s'ébranler pour venir vers Lutèce. Le prince laissa un petit nombre de troupes pour continuer le siège de la ville, et se dirigea rapidement vers ses ennemis.

Le combat eu lieu à Tolbiac (496). Il arriva que les deux armées se battant avec acharnement, celle de Clovis commençait à fléchir. A cette vue le roi franck, se rappelant les vertus de la reine et la sainteté de Geneviève s'écria : « *Dieu de Clothilde, si tu m'accordes la victoire,* » *je jure de t'adorer.* » A peine a-t-il fini son invocation, que les Allemands, tournant le dos, commencèrent à se mettre en déroute, et voyant que le roi était mort, ils se rendirent à Clovis, en lui disant : « Nous te conjurons de ne pas faire mourir notre peuple, car nous sommes à toi. »

Après cette victoire, Clovis rentra dans son royaume et raconta à la reine toutes les merveilles que Dieu avait faites en sa faveur après avoir invoqué son nom.

Clothilde s'empressa d'avertir l'évêque de Reims de tout ce qui venait de s'accomplir, le priant de vouloir bien enseigner au roi les nouveaux devoirs religieux qu'il aurait désormais à pratiquer.

Le saint pontife s'empressa de répondre aux désirs de la reine, et commença à instruire Clovis. Je lis dans Grégoire de Tours la réponse du prince, et je me fais un devoir de vous la rapporter.

Il dit à l'évêque Rémi : « Très-saint père, je t'écouterais » bien volontiers; mais il reste une chose, c'est que le » peuple qui m'obéit ne veut pas abandonner ses idoles :

» j'irai à lui et lui parlerai d'après tes paroles. » En effet, il assembla ses sujets, et avant qu'il eut parlé, et par l'intervention divine, tout le peuple s'écria : « Pieux roi, » nous rejetons les Dieux mortels, et sommes prêts à » obéir au Dieu que prêche le saint évêque Rémi. »

Cette nouvelle combla de joie le vénérable pontife, lequel ordonna de préparer immédiatement le baptistère, afin de terminer au plus tôt cette œuvre si providentiellement commencée.

Le temple fut décoré avec une grande magnificence, et Dieu fit descendre sur les assistants des grâces si abondantes qu'ils se croyaient déjà transportés au milieu des splendeurs du Ciel.

Le monarque s'avança à la tête de tous les seigneurs et soldats qui devaient être baptisés avec lui, jusqu'au pied du baptistère; et là, le saint évêque lui dit de sa bouche éloquente : « Sicambre, abaisse humblement ta tête : adore » ce que tu as brûlé, et brûle ce que tu as adoré... » Et puis il ajouta : « Apprends, mon fils, que ton royaume » est prédestiné de Dieu à la défense de l'Eglise romaine, » qui est la seule véritable Eglise du Christ. Ce royaume » sera un jour grand entre tous les royaumes de la terre. » Il embrassera les limites de l'empire romain et soumettra » tous les autres royaumes à ton sceptre. Il durera jusqu'à » la fin des temps ; il sera victorieux et prospère tant qu'il » restera fidèle à la vraie foi ; mais il sera rudement châtié » toutes les fois qu'il sera infidèle à sa vocation. » — *Bède le vénérable.* — *Baronius, Annales.*

Cette prophétie, Messieurs, est bien consolante, puisque elle nous assure que notre chère Patrie ne périra pas.

Nous la voyons cependant cruellement éprouvée depuis de longues années; il est vrai qu'elle s'était rendue bien coupable pendant le siècle dernier, en s'abandonnant au sensualisme, et ensuite à la négation de la Divinité... mais — et nous en sommes intimement convaincus — les temps ne sont pas éloignés où elle se relèvera ; car elle ne peut tarder à reconnaître que c'est par le retour aux vrais et immuables principes, qu'elle retrouvera cette force, cette énergie qui la fit autrefois si grande.

Après le baptême du roi franck, le pape Anastase lui écrivit pour le féliciter de ce que l'Eglise allait trouver en lui un puissant protecteur : « Glorieux et illustre fils, lui » disait-il, soyez la consolation de l'Eglise votre mère, » soyez-lui, pour la soutenir, une colonne de fer, car, la » charité d'un grand nombre se refroidit ; et par la ruse » des méchants notre barque est battue par une furieuse » tempête. Mais nous espérons, et nous louons le Seigneur » de ce qu'il vous a tiré de la puissance des ténèbres pour » donner à son Eglise, dans la personne d'un si grand » prince, un protecteur capable de la défendre contre tous » ses ennemis. »

La joie du Pape était d'autant plus grande que Clovis était alors le seul souverain catholique. Ce même pape l'appela : « *Roi très-chrétien et fils aîné de l'Eglise,* » titre que les rois de France ont conservé jusqu'à ce jour.

La conversion de Clovis lui ouvrit les portes de Lutèce, et le peuple le reçut avec une grande joie, joie qui était loin d'égaler celle que ressentaient Clothilde et Geneviève : n'avaient-elles pas une grande part, part providentielle il est vrai, dans cet heureux et si important évènement.

A la prière de Geneviève, Clovis rendit la liberté ou la vie aux criminels, et de ce jour il déclara que sa capitale ne serait plus Soissons, mais Lutèce.

Vers l'année 507, Geneviève sollicita instamment Clovis de faire bâtir une église sur la montagne au sud de la ville, nommée alors Leucotitius, ou se trouvait la catacombe de saint Denis, lieu que le saint évêque martyre habitait lorsqu'il voulait se retirer à l'écart pour prier. Le roi, dit son chroniqueur, écrivain du commencement du VIIIe siècle, étant un jour avec la reine sur cette montagne, dessina le plan de l'église projetée en l'honneur de saint Pierre et de saint Paul, ensuite, prenant sa lourde framée ou hache, instrument de ses victoires : « Je veux, dit-il, que l'église s'étende aussi loin que j'enverrai ma framée, et, d'un jet vigoureux, il la lança, et ce fut fort loin. Ceux qui l'entouraient semblaient trouver que ce serait une grosse dépense : « N'importe ! Que l'église des bienheureux apôtres » se construise, pourvu que je revienne sain et sauf de la » guerre que je vais entreprendre contre ces infidèles de » Visigoths. »

Clovis désigna la place de son tombeau dans la crypte de saint Denis.

Il partit, l'hérésie arienne fut vaincue à Vouillé, et Alaric trouva la mort sur le champ de bataille. Clovis après trente ans de règne, mourut à Lutèce, âgé de quarante-cinq ans, à la suite d'une courte maladie, et fut inhumé dans l'église, non achevée, de saint Pierre et de saint Paul. Ce fut le 27 novembre 511.

Après la conversion du roi franck, Geneviève se retira plus souvent dans la retraite, surtout à certaines époques de l'année. Pendant cette retraite rigoureuse elle cessait toute communication avec le dehors, mais elle entretenait toujours des relations avec quelques jeunes vierges qui s'étaient réunies sous sa direction, et qui profitaient de ses instructions et de ses exemples. Elle allait souvent avec elles prier dans l'église de saint Denis, qu'elle avait fait bâtir, et ces pélerinages étaient le plus souvent entrepris pendant la saison la plus rigoureuse.

Elle visita aussi l'abbaye de saint Martin de Tours. Elle avait une vénération toute particulière pour ce grand saint qu'elle appelait, ainsi que saint Denis, les deux grands apôtres des Gaules.

Dès que ses voyages étaient terminés, elle se hâtait de rentrer dans sa chère retraite, qu'elle eut désiré ne jamais quitter. Quand l'exercice de sa charité l'appelait au dehors, elle se voyait immédiatement entourée et comme accablée par la multitude, qui la regardait comme l'ange du Seigneur, la protectrice de la cité. Toutes ces démonstrations respectueuses, toutes les grâces surnaturelles que

Dieu lui accordait et qui la faisaient vénérer par les prélats, des princes et des peuples, ne lui inspirèrent jamais la moindre pensée d'élévation ou de complaisance envers elle-même. Tous ces honneurs ne servaient qu'à l'humilier en lui faisant reconnaître sa propre faiblesse, et à la retenir plus étroitement unie à Celui qui était toute sa force et toute sa gloire. De sorte que, ne s'étant jamais attachée à aucun objet terrestre, elle demeura sur la terre pendant 89 ans dans une mortification continuelle. Elle mourut aussi saintement qu'elle avait vécu, le troisième jour de l'an 512, cinq semaines après Clovis. Son corps fut porté avec beaucoup de pompe et accompagné d'un immense concours de peuple dans l'église des saints apôtres, et fut déposé près de celui du premier roi chrétien Clovis. Et, depuis ce jour, les habitants de Lutèce appelèrent cette grande sainte : « Patronne de Paris et de la France. » Et la montagne et l'église prirent le nom de : « Sainte Geneviève. »

---

§ V.

Je devrais terminer ici cette conférence et vous laisser emporter dans vos demeures les fruits que vous avez tirés de cette vie si pure et si sainte ; mais je veux vous dire encore et en peu de mots, ce qu'a été la protection de sainte Geneviève sur Paris et sur les divers monuments qui portent son nom.

Depuis le jour où notre sainte patronne remit son âme à Dieu, les miracles ne cessèrent de se manifester autour de son tombeau; aussi l'affluence des peuples et des princes, des pontifes et des rois y fut-elle de plus en plus grande. « Les chants et les prières ne cessaient jour et nuit », dit un historien du XVIIe siècle. Les secours sensibles que Geneviève a toujours procurés depuis, soit dans les calamités publiques, soit dans les besoins particuliers, l'ont fait regarder, non seulement comme la patronne tutélaire des Parisiens, mais aussi, comme la protectrice perpétuelle du royaume. C'est ce qui a été signalé particuliérement pendant les débordements qui tant de fois ont menacé l'existence de Paris. A l'époque des deux irruptions des Danois ou Normands qui détruisirent en partie son église de la montagne sainte Geneviève et celle de l'abbaye saint Germain-des-Prés; mais ne purent pénétrer dans Paris. Dans le XIIe siècle, sous le règne de Louis-le-Gros, une maladie mystérieuse appelée : « *Mal des ardents* » fit son apparition à Paris. C'était un mal étrange contre lequel la science médicale ne pouvait rien. Les malades étaient dévorés par un feu intérieur qui les enlevait en peu de jours et quelquefois en peu d'heures. Le nombre des victimes s'élevait déjà à plus de 14,000 personnes dans la ville seulement. L'évêque Etienne, homme de grande vertu, ayant inutilement imploré le Ciel par des jeûnes et des prières publiques, ordonna que la châsse qui renfermait le corps de sainte Geneviève, fut processionnellement portée par les rues de la ville. L'effet de cette grande manifestation religieuse ne se fit pas attendre; cet horrible fléau cessa tout-à-coup. Le pape Innocent II, ordonna qu'une fête de reconnaissance serait célébrée tous les ans. Cette fête s'est perpétuée jusqu'à nos jours, malgré les révolutions qui, généralement, ne sont pas favorables aux manifestations religieuses.

Le roi Louis XV étant tombé gravement malade à Metz, son état paraissait désespéré. On fit des prières publiques devant les reliques de sainte Geneviève. Le dernier jour de la neuvaine le roi fut guéri subitement. En présence d'un si grand bienfait, Louis XV fit le vœu d'élever, sur la montagne sainte Geneviève, une basilique, qni devait, comme un phare lumineux, éclairer tout Paris. Les travaux furent immédiatement commencés; mais le splendide monument que nous appelons — improprement — le Panthéon ne fut terminé que dans la première moitié de ce siècle (XIXe).

Ce qui restait des reliques de notre grande sainte y fut transporté solennellement en 1852. Saint Etienne-du-Mont, ravissante église du XVIe siècle, possède le cercueil en pierre qui renferma le corps de sainte Geneviève.

Sur la montagne appelée : Mont-Valérien, et qui conserve encore si vivant le souvenir de l'enfance de Geneviève, on érigea, dès les premiers siècles de la monarchie française, un Calvaire, tout près de la croix où Geneviève enfant venait chaque jour prier. En 1634, le Père Charpentier réunit en congrégation les prêtres desservants de la Chapelle du clos, et forma la congrégation des prêtres du Calvaire. On y bâtit aussi un monastère.

Le jeudi et le vendredi saint de chaque année, jusqu'au jour où une forteresse est venue remplacer ce lieu de prières, les fidèles en grand nombre venaient faire leurs stations dans l'église du couvent. Sainte Geneviève n'a pas cessé de protéger le mont Valérien ; et quoique cette chère montagne ne soit plus un lieu de prières, un rendez-vous de fidèles, elle a toujours conservé son noble titre de Française, et n'a jamais vu le drapeau de l'étranger ou de la révolution flotter sur son sommet.

Le village de Nanterre, garde encore par sa poëtique fête de la « Rosière » un vivant souvenir de la sainte patronne de Paris et de la France.

La montagne sainte Geneviève, où reposaient les reliques de la sainte, ne fut pas à l'abri des nouveaux et cruels iconoclastes, qu'on appelait « les révolutionnaires ». Ils détruisirent le cimetière et la vieille basilique qui avaient existé pendant plus de quinze siècles. La châsse de sainte Geneviève qu'on avait mis plus de dix années à construire et à ornementer, châsse qui avait remplacé celle que saint Eloi avait faite et consacrée durant l'époque Mérovingienne, fut déposée pendant quelques semaines dans l'église de saint Etienne-du-Mont; puis, elle fut portée à la Monnaie, où l'on exploita sa richesse, dont une partie encore remontait à saint Eloi.

Enfin, les ossements sacrés, après un inventaire minutieux, constatant ceux qui manquaient, furent brûlés en place de Grève, le 3 décembre 1793. Telle fut l'œuvre de vendalisme accompli par ceux qui se disaient les « vrais patriotes ».

Quand donc les peuples comprendront-ils que ce n'est pas en détruisant les monuments, en emprisonnant ou en mettant à mort ceux qui ne pensent pas comme eux que l'on améliore les institutions ou la constitution d'un Etat ?

Après que la tourmente révolutionnaire fut passée, les fidèles s'empressèrent de venir de nouveau vénérer les reliques de sainte Geneviève dans l'église de saint Etienne-du-Mont. Une neuvaine annuelle fut établie ; elle commence avec une grande pompe le troisième jour de janvier. Toutes les paroisses de Paris, celles de la banlieue s'y rendent avec une grande piété et un parfait recueillement, conduits par leurs dignes et vénérés pasteurs.

On se rappelle avec effroi les jours affreux de la Commune de Paris, en 1871, alors que toutes les églises étaient profanées, seule la vieille église de saint Etienne-du-Mont fut sauvée miraculeusement de ces horribles profanations; les cérémonies religieuses s'y accomplirent tous les jours, et à ce sujet, je ne puis résister au désir de vous citer un fait, peu connu, mais qui est vrai, et qui nous prouve une fois de plus combien sainte Geneviève protège cette église.

Regères, un des chefs de la Commune, avait un jeune enfant qui, ayant atteint l'âge de sa première communion, avait été préparé pour ce grand acte qui tient une si noble place dans notre vie. Son père l'amena lui-même à l'église et le remit aux mains des prêtres de la paroisse. Pendant toute la sainte cérémonie, Regères, en costume officiel, ne quitta pas l'église, ce ne fut qu'après la messe qu'il reprit son cher enfant, et le confia aux soins du directeur d'une maison d'éducation.

Messieurs, je termine ici cette conférence; mais avant de nous séparer, je sens le besoin de vous rappeler que tous, vous avez un grand devoir à remplir, bien doux il est vrai, et que la vie de sainte Geneviève doit vous faire comprendre tout particulièrement, c'est celui de ne pas oublier qu'il vous faut toujours entourer du plus profond respect vos mères, vos femmes et vos filles; car, quoique elles ne soient pas toutes appelées par la Providence de Dieu à être des Geneviève, des Jeanne d'Arc, etc., c'est toujours en elles que repose le présent et l'avenir de la famille chrétienne, qui par conséquent est et sera toujours la base solide, vraie, du plus puissant et du plus dévoué patriotisme.

A. DEVAUX.

BOLBEC — IMP. DUSSAUX

www.ingramcontent.com/pod-product-compliance
Ingram Content Group UK Ltd.
Pitfield, Milton Keynes, MK11 3LW, UK
UKHW022004260726
13994UKWH00004B/1943

9 782329 409498